Anonymus

Leben Anton Koburgers,

eines der ersten und berühmtesten Buchdrucker in Nürnberg nebst einem Verzeichnisse aller von ihm gedruckten Schriften

Anonymus

Leben Anton Koburgers,
eines der ersten und berühmtesten Buchdrucker in Nürnberg nebst einem Verzeichnisse aller von ihm gedruckten Schriften

ISBN/EAN: 9783743308336

Hergestellt in Europa, USA, Kanada, Australien, Japan

Cover: Foto ©Thomas Meinert / pixelio.de

Manufactured and distributed by brebook publishing software (www.brebook.com)

Anonymus

Leben Anton Koburgers,

Leben Anton Koburgers,

eines

der ersten und berühmtesten Buchdrucker

in Nürnberg,

nebst

einem Verzeichnisse aller von ihm gedruckten

Schriften.

Dresden und Leipzig,

in der Breitkopfischen Buchhandlung.

1786.

Vorbericht.

Wenn Orlandi in Origine e progressi della stampa S. 134 f. die Nürnbergischen Buchdrucker vom Anfange der Kunst an aufstellt, so giebt er Anton Koburgern den ersten Rang, und läßt Creußnern, Sensenschmid, Koler, (sollte wohl heißen Kefer) und Frießnern erst auf ihn folgen. Chronologisch richtig mag das nun wohl nicht seyn; aber in Ansehung der wahren Verdienste um die Buchdruckerkunst ist Ko=

* 2   burger

Vorbericht.

burger allerdings würdig, oben an zu stehen. Keiner der genannten Männer wandte auf die Schriften seiner Officin, worunter die beträchtlichsten Werke sind, so große Kosten, konnte sie vielleicht auch nicht auf genaue Correctur, ausnehmend schöne Typen und vortreffliches Papier wenden, als der reiche Koburger; keiner — und das ist sein hervorstechendes Verdienst — lieferte so prächtige und so schnell auf einander folgende deutsche und lateinische Ausgaben der Bibel, deren innere und äußere Beschaffenheit gleich auszeichnend ist; keiner trieb sein gemeinnütziges Geschäft mit so viel Glück und so lange, als Koburger, der so manche Bibelausgaben und eine Menge andrer Werke wahrscheinlich von 1470 an, bis an seinen im Jahre 1513 erfolgten Tod nicht nur in seiner Vaterstadt, sondern auch noch an manchen andern Orten drucken ließ.

Fanden

Vorbericht.

Fanden die Stephani zu Paris an Almeloveen und Maittaire *), Oporin und Froben zu Basel an Jociscus und Adami **), und Luft zu Wittenberg an Zeltnern ***) ihre Biographen: So wird Koburger gleicher Ehre nicht minder werth seyn. Ich habe es daher versucht, diesem verdienten Manne ein eignes Denkmal in gegenwärtiger Abhandlung zu stiften. Möchten es doch competente Richter seiner würdig finden!

Für

---

*) *Th. Janſ. ab Almeloveen* Diſſ. epiſt. de vitis Stephanorum, Amſt. 1683. 8. — *Mich. Maittairii* Stephanorum hiſtor., Lond. 1709. 8. mai.

**) *Andr. Jociſci* Oratio de vita et obitu Jo. Oporini, Baſ. 1569. 8. — Vita Jo, Frobenii in *Adami* Vitis Philoſophor. et Philolog. Germ. pag. 29 ſqq. (Edit. Francof. 1706. Fol.)

***) D. G. G. Zeltners Historie der gedruckten Bibelversion D. Mart. Luthers in der Beschreibung des Lebens und der Fatorum Hans Lufts ꝛc. Nürnb. 1727. 4.

Vorbericht.

Für ganz vollständig will ich diese Arbeit nicht ausgeben, da mir, aller angewandten Mühe ungeachtet, vielleicht dennoch manches entwischt ist. Doch wird die Zuverläßigkeit meiner Nachrichten, für die ich bürgen kann, den allenfalsigen Mangel ersetzen. Genug, wenn ich einen kleinen Beytrag zur Geschichte einer der edelsten Künste in unserm deutschen Vaterlande geliefert habe.

G. E. W.

Biographie
Anton Koburgers,
eines der ersten und berühmtesten Buchdrucker in Deutschland.

Kaum war durch Gottes Fürsehung zu Anfang der letztern Hälfte des funfzehnten Jahrhunderts die wohlthätige Kunst der Buchdruckerey, die man mit Recht einen Baum des Lebens nennen kann, durch Joh. Guttenberg zu Mainz erfunden *);
so

*) Das, dünkt mich, kann man mit Zuverläßigkeit behaupten, wenn man J. D. Köhlers Ehrenrettung Joh. Guttenbergs (Leipzig 1741. 4.) und Schöpflins Vindic. typogr. Cap. VIII. gelesen und geprüft hat. Unmittelbar aus Deutschland kam diese Kunst nach Italien, und schlug ihren Sitz auf römischem Boden, nämlich in Subbiaco (monasterio Sublacensi) auf, wo die drey berühmten Deutschen, die sie dahin brachten, Konr. Schweynheim, Arnold Pannarz und Ulrich Han die ersten Proben ans Licht stelleten. Die gelehrten Bücherkenner glauben durchgängig, daß die Jahrzahl 1461, die auf dem bekannten Decor puellarum, *Venet.* per Jenson stehet, ein bloßer Druckfehler für 1471. ist, und daß Jenson vor dieser Epoche kein einziges Buch in Venedig gedruckt hat.

so ließen sich Männer, welche dieselbe ausübten, auch in dem damals so sehr blühenden Nürnberg nieder *), z. B. Konr. Zeninger, Joh. Sensenschmid von Eger, welcher bald M. Andreas Frisnern von Wonsiedel, und Heinr. Kefern von Mainz zu Gehülfen hatte **), Friedr. Creußner

*) Sogar das dasige Augustiner-Kloster hatte schon 1479. eine eigene Druckerey. Ich schließe das aus der Unterschrift an M. *Joh. Gews*, Viennens. tractatus de vitiis lingue. 4. Diese lautet so: *Nurmberge* impress. solerti industria et vigilanti opera per fratres Ord. Heremitarum div. doctoris Augustini. anno incarn. Dom. MCCCCLXXIX. Eben diese Klosterdruckerey lieferte 1480. Speculum manuale sacerdotum *Hermanni de Schildiz*, sacre pagine professoris ord. fratrum Herem. S. Augustini. 4. und 1491: Missale — iussu et auspicio rev. Patris *Andree Proles*, Vicarii generalis. Fol. welches von äusserster Seltenheit seyn muß, weil es Gottfr. Schütze, der im Leben des Andr. Proles (Leipz. 1744. 8.) Kap. III. von den Schriften desselben Nachricht giebt, ganz übergeht. Merkwürdig aber ist dieß Missale besonders deßwegen, weil darinn auch die missa pro cuius anima dubitatur, befindlich ist.

**) *Reineri* Summa — per *Jo. Sensenschmid* et *Henr. Kefer*, Norimb. 1473. ist, auf Pergament gedruckt, in der Nürnbergischen Stadt-Bibliothek. Auch existirt eine lateinische Bibel in Folio per Ioh. Sensenschmid et Andr. Frisner, 1475. gedruckt. — Kefer ist nach Hrn. von Murrs Bericht

Biographie.

Creußner aus Nürnberg *), und andere. Wer unter denselben am ersten Bücher gedruckt habe, wird schwerlich mit Zuverläßigkeit bestimmt werden können **).

Daß aber Anton Koburger, oder Koberger, unter ihnen allen der vielbebeutendste gewesen, ist ausgemacht. Die eigentliche Zeit seiner Geburt ist unbekannt; auch weiß man nicht, womit er sich in seiner Jugend beschäftigt, wo und von

---

Bericht in J. 1473. Bürger zu Nürnberg geworden, war 1455 in Guttenbergs Diensten, und kömmt in der Streitsache desselben mit dem Johann. Faust oder Fust als Zeuge vor. s. Köhlern S. 55.

*) So liest man am Ende des, wahrscheinlich 1472. oder 73. gedruckten lateinischen Psalters, den der berühmte Hr. Schaffer Panzer in der Geschichte der Nürnberg. Ausgaben der Bibel S. 1-11 beschreibt: Impressum per Frid. Crewlner de Nurenberga. Er hat noch 1493 gedruckt.

**) Das erste, zuverläßig in Nürnberg gedruckte Buch ist *Franc. de Retza* Conciliorum vitiorum. Fol. auf dessen letztem Blatte man liest: Nuremberge Anno M. CCCC. LXX. patronarum formarumque concordia et proporcione impressum. Es mögen allerdings schon vorher Bücher allhier gedruckt worden seyn; aber ohne Anzeige der Zeit, des Orts und des Druckers, dergleichen sich ja sehr viele finden.

von wem er die damals noch ganz neue Kunst des Buchdruckens erlernet hat. Wahrscheinlich ists, daß er studiert habe, wenn er, wie Herr Prof. Will im Nürnberg. Gelehrten Lexikon B. I. S. 202 meldet, an verschiedenen aus seiner Officin gelieferten Werken als Auctor Antheil gehabt hat. Wenigstens war er ein großer Freund und Beförderer der Gelehrten *).

Seine

*) Jodoc. Badius, ein gelehrter Buchdrucker zu Paris, dedicirte Kobergern die Epistolas Politiani, welche er 1499. herausgab. In der Zueignungsschrift, welche Reusch in seiner Nachricht von den Buchdruckern zu Nürnberg, die man in Ernesti wohl eingerichteten Buchdruckerey findet, ganz hat abdrucken lassen, legt Badius Kobergern die größten, aber auch verdientesten Lobsprüche bey. Er nennt ihn librariorum facile principem, et inter fideles atque honestos *mercatores* non inferiori loco positum; — probitatis et mercurialis negotii decus ac columen, u. d. gl. Eben daselbst sagt er auch, daß ihn Joh. Trithemius, der berühmte Abt zu Spanheim, wegen des Fleißes, den er auf korrekten Druck wende, sehr hoch schätze. — A. 1504 hat Amerbach zu Basel auf Kobergers Kosten *Hugonis de Caro* Postillas in Biblia in 5 Folio-Bänden gedruckt. Diesem Werke hat Casp. Leontorius, ein Cistercienser Mönch, den Tritheim virum in diuinis scripturis studiosum et eruditum nennet, zwo Episteln beygefügt, worin er sehr vortheilhaft von Kobergern

Biographie.

Seine Glücksumstände müssen sehr vortheilhaft gewesen seyn. Die Verheirathungen seiner Kinder, von denen wir hernach reden wollen, lassen das sicher vermuthen; und in den damaligen Zeiten eine Druckerey anzulegen, erforderte beträchtlichen Aufwand. Koburger kaufte im Jahre 1470 ein weitläufiges Haus hinter St. Aegidien Hof, (wahrscheinlich das gegenwärtig von Muffelische) richtete es seinem Zwecke gemäß ein, und ward der wichtigste Buchdrucker seiner Zeit, der in Nürnberg einen Zweig einführte, welcher damals schon vielen, und in der Folge noch mehrern Personen Unterhalt gab, und grossen Nutzen stiftete: er war auch der wichtigste Buchhändler seiner Zeit. Durch seine ämsige Bemühung brachte er es dahin, daß er nach einiger Zeit 24 Pressen unterhielt, und über 100 Personen, an Setzern, Korrektoren, Druckern, Buchbindern, Illuministen *), Posselie-

tern

gern spricht. Einen Auszug davon f. in (Schwindels) Thesauro biblioth. S. 374.

*) So hiessen diejenigen, welche die Anfangsbuchstaben in den gedruckten Büchern mit andern Farben hinzu malten oder schrieben. Sie wurden auch miniatores, oder miniculatores, genannt, weil sie sich meist der rothen Farbe dazu bedienten. f. Schöpflin in Vindic. Typogr. S. 42.

rern *) und Comportisten **) Arbeit geben konnte. Sonderbar war es, daß Koburger kei-

*) Posselierer sind vermuthlich nichts anderes als Lehrlinge. In der Frankfurter Buchdrucker Ordnung von 1660 kommt ein eigner Artikel von Aufnehmung der Posselierer, ihren Bürgschaften, Lehrjahren, Lieblohn, Geburts- und Lehrbriefen, vor. Adr. Beieri Tyro ciarius, Jenae 1688. 4. Cap. VIII. §. 5. S. 139. erklärt es deutlicher: Causa etiam esse potest, quod artifices plerumque medium inter tyronem et magistrum non habeant, sed immediate ab uno ad alterum sit transitus, dum, vt quisque fiduciam artis habet, ita suis auspiciis operatur, nec aliis operas locat mercenarias: opus igitur est, vt boethorum defectum, tyronum numero suppleant. Quando autem in collegia congregari incipiunt, plerumque etiam de tyronum numero disponunt. Ita typographi Francofurtenses ad Moenum a Senatu loci statutum acceperunt, von Anzahl der Possilirer, vt iuxta numerum et proportionem pressarum aestimetur quoque numerus tyronum: Ob auch wol unsre alte Ordnung einem Drucker so viel Possilirer, als er seiner Gelegenheit nach erhalten mögen, anzustellen vergünstiget; so wollen wir doch dasselbe aus bewegenden Ursachen also moderirt haben, daß zwar auf jeder Pressen, von 3. bis 4 inclusive, zween Jungen, was aber über solche Anzahl Pressen lauft, auf jeder mehr nicht, denn ein einziger, angenommen werden soll. ꝛc. ꝛc.

**) Was das Geschäft der Comportisten war, habe ich nicht herausbringen können. Also nur eine

keinen von diesen Leuten beköstigte; auch ließ er keinen ohne den andern in das Haus, sondern sie mußten sich alle vor demselben versammlen, und zur gehörigen Stunde zusammen an ihre Arbeit gehen. s. Zeltners Theatrum erud. correctorum S. 15 f.

Da sein Vorrath an Büchern immer ansehnlicher wurde, so ließ er sich auch in einen weiten Buchhandel ein*), und brachte es in diesem Fache so weit, daß es ihm kaum jemand in der

eine Conjectur. Vielleicht waren es Leute, welche die Bogen ins Alphabet legten und die Bücher completirten, collationirten und einpackten.

*) Anfangs waren die Buchdrucker auch zugleich allein die Buchhändler, die mit den in ihrem Verlage gedruckten Büchern handelten, und ihre Factors damit an andere Orte schickten, die den Verkauf derselben auf ihre Rechnung besorgten; wie Faust und Schäffer dergleichen zu Paris hatten, der daselbst starb; bis auch die, welche bisher mit geschriebenen Büchern handelten, sich des Druckes bedienten, und die Buchdrucker gegen Bezahlung auch für andere druckten. Wer dergleichen eigentliche erste Buchhändler ohne Buchdrucker zu seyn, gewesen ist, wird schwer zu bestimmen seyn. Köhler führt in der Guttenbergischen Ehrenrettung einen Vergleich von 1477 zwischen Peter Schäffer, und seinem Schwager dem Canonicus Johann Faust zu Maynz an, wegen einer Anzahl Exemplare der Decretalien, die er seinem

neuern Zeit gleich thun wird. Faſt in allen Ländern Europens hatte er Factoren und Commiſſionäre. In nicht weniger als 16 Städten, nämlich in Frankfurt, Amſterdam, Venedig, Danzig, Hamburg, Lüneburg, Lübeck, Prag, Breslau, Augsburg, Ulm, Leipzig, Braunſchweig, Erfurt, Baſel und Wien hielt er ofne Gewölber und Läden, die mit Verlags-Artikeln angefüllt waren, und ihm großen Verkehr zuweg brachten.

Auſſer dem hatte er in Lyon eine anſehnliche Druckerey veranſtaltet, die beſonders große Werke, und vorzüglich juriſtiſche Bücher, ans Licht

Schwager, weil er den Handel mit Büchern treibe, auf deſſen Wagniß, neben ſeinen eigenen Büchern mit vertreiben ſolle. In den Reichsabſchieden von 1529. 30. 41. 48. 70 wird immer zuerſt der Drucker, dann der Feilhaber, Buchführer oder Bücherverkäufer gedacht. Italien und Frankreich hatte mehr dergleichen Buchhändler mit geſchriebenen Büchern, als Deutſchland, und wir finden auch daher bey ihnen eher als bey uns, daß ſie ſich des Handels mit gedruckten Büchern bedient haben; in Mayland ſind ſchon 1470 und in Lyon ſchon 1509 Bücher für ihre Koſten gedruckt worden; in Deutſchland war vielleicht Joh. Rynmann, von Oringau, der erſte der dieß that, und der Bücher 1507 bey Ottmar in Augsburg, und nachher bey Heinrich Gran in Hagenau im Elſaß drucken ließ. Schade, daß der ſcharfſinnige Alterthumsforſcher,

Chriſt.

Licht gestellt, und seinen Geschäften einen höhern Schwung gegeben hat. Auch in Basel ließ er bey dem gelehrten Buchdrucker, Joh. Amorbach oder Amerbach, drucken, weil er durch seine Nürnbergischen Pressen nicht alles besorgen konnte.

Bey allem seinem weitläufigen Handel und Geschäfte aber war Koburger ein so ordentlicher und pünktlicher Mann, daß er seine ganze Handelsverwaltung in einem mäßig dicken Bande zu Buch bringen konnte. Durch diese gedrungene Kürze litt dem ungeachtet die Vollständigkeit nichts; alles war so in Ordnung gestellt, daß er mit Einem Blick seine Creditoren und Debitoren übersehen, und sich Raths erhohlen konnte. So konnte es nun nicht fehlen, daß er den Zustand seines Verlags genau wissen mußte. Besonders auf den Messen that ihm diese Einrichtung sehr wesentliche Dienste; er wußte, was ihm von diesem oder jenem Artikel an allen Orten abgienge, oder welche Bücher er zu viel hatte, und versäumte nicht, sich gelegenheitlich beydes zu nutze zu machen.

Christ. Schöttgen, seine Historie der Buchhändler (Nürnb. und Altd. 1722, 4.) bloß auf die alten und mittlern Zeiten eingeschränkt und mit dem 14ten Jahrhundert geschlossen hat! Sieh auch Zeltners Leben Hanns Lufts S. 45. Not. y.

Koburgers Verlagsbücher wurden vor andern sehr gesucht, weil er genau darauf sah, daß die Druckfehler vermieden würden, und sich immer fleisiger und verständiger Correctoren bediente, die er sehr gut bezahlte *).

Die meisten von ihm von 1472 bis 1499 in Nürnberg gedruckten Bücher **) hat Röder in seinem Catalogus librorum, qui sec. XV. Norimbergae impressi sunt, angeführt. Ihre Anzahl ist sehr beträchtlich. Und wie viele waren nicht derer, die er von dieser Zeit an bis an seinen 1513 erfolgten

---

*) Einen derselben kann ich nennen. Es war Joh. Beckenhaub von Mainz, welcher nicht nur zu dem von Koburgern gedruckten Dictionario Petri Bercharii, 1489. Fol. eine Vorrede gemacht hat, sondern auch Editor der IV. libb. Sententiarum Bonaventurae gewesen ist, die Koburger 1491 in IV. Voll. gedruckt hat. In der Dedication an Nic. Tinctoris sagt Beckenhaub, daß er 8 Jahre zu Heidelberg studiert habe. Daß aber Joh. Amerbach und der gelehrte Abt zu St. Aegidien in Nürnberg, Fried. Pistorius, seine Correctoren gewesen, wie Hr. Will auf Treu und Glauben anderer berichtet, ist unerweislich, ja unmöglich, wie Hr. Panzer in der angef. Schrift S. 16 f. augenscheinlich gezeiget hat.

**) Das erste Buch, auf welchem Koburgers Name steht, ist, so viel man weiß, *Antoninus* de virtutibus, 1472. Fol.

ten Tod nicht nur hier, sondern auch in andern Orten hat drucken lassen! Ich werde am Ende, ein so viel möglich vollständiges Verzeichniß aller Schriften anhängen, welche er gedruckt und verlegt hat. Das wichtigste Verdienst, welches allein ihn unsterblich machen würde, erwarb sich Koburger dadurch, daß er schnell nach einander die Bibel, sowohl Deutsch als Latelnisch, mit und ohne Glossen in vielen prächtigen, einen beträchtlichen Kostenaufwand fobernden, Auflagen besorgte, von denen Hr. Panzer in der genannten Schrift gründliche und angenehme Nachrichten ertheilet.

Ich habe es der Mühe werth geachtet, dem Geschlechte und besonders den Nachkommen dieses für mein Vaterland so wichtigen Mannes nachzuforschen. Das Resultat meiner Bemühungen gebe ich in diesem Versuch, und werde es mit allem Danke annehmen, wenn Kenner der Vaterlandsgeschichte hier und da Zusäze und Berichtigungen bekannt machen wollen.

Die Koburger, oder Coberger, waren ein altes sogenanntes ehrbares Geschlecht in der Reichsstadt Nürnberg, welches schon in der Mitte des 14ten Jahrhunderts in gutem Ansehen stand, und nachher mit verschiedenen adelichen

Fami-

Familien in Verwandſchaft trat, wie die von mir aus unterſchiedlichen Büchern und ungedruckten Nachrichten zuſammengetragene Genealogie derſelben beweiſen wird.

Der älteſte, den ich genannt finde, iſt Rüdiger Koburger, Genannter, das iſt Mitglied, des größern Raths, welcher im J. 1357 ſtarb. In Würfels Nürnberg. Stadt = und Adelsgeſchichte ſteht im IV. Stück ein Chronicon *Conr. Herdegeni, Monachi S. Aegydii in Nurenberga, ab a. 1412 ad a. 1479 continuatum*; darin wird erzählt, daß 1448 in vigilia S. Evangeliſtae in der Irrer-Gaſſe *) vier Häuſer abgebrannt ſeyn, und daß der Brand in Koburgers Wohnung angefangen habe.

Des erwähnten Rüdiger Koburgers Enkel oder Urenkel war

Heinrich Koburger, der ältere;

er hatte Joh. Mackels Tochter zur Ehe, und ward 1428 Genannter des größern Raths. Sein Sohn, Heinr. Koburger, der jüngere, war mit Agnes, Conr. Roſenharts, ſonſt Glockengieſſer genannt, und Anna Starneckerin Tochter verheirathet, und hinterließ zween Söhne:

I. Se-

---

*) Die Irrer waren ein anſehnliches Geſchlecht in Nürnberg.

Biographie.

I. Sebald Koburger, der eine Margaretha von Plankenstein zur Ehe hatte, und mit derselben einen Sohn zeugte, nämlich

Hanns Koburgern,

welcher einen ausgebreiteten Handel mit Büchern in alle kaiserliche Lande und andere Provinzen trieb. Er verehlichte sich 1492 mit Anna Voitin, Heinr. von Voit und Ursula, Hans Rosenharts Tochter, und nach deren Tod mit Heinr. Mäurls Tochter, Margaretha; und starb 1543 *). Für ihn druckte Friedr. Peypus zu Nürnberg 1517: Index consummatissimus in D. Augustini undecim partes. Fol. und 1518: Hortulus animae, zu teutsch, Seelenwurzgärtlein, 8. Er war Geschwisterkind mit unserm Anton Koburger, und hinterließ einen Sohn,

Johann Koburgern.

Dieser heirathete 1551 den 4. Febr. Cordula, Stephan Paumgärtners von Tonnerstatt auf Holenstein, Tochter, welche am 14. Febr. 1510. gebohren worden. Koburger war ihr vierter Gemahl. Denn 1525 den 16. Aug. ward sie an Gabriel Fütterer, 1529 den 4. Nov. an Joach. Haller von Hallerstein, 1541 den 19. Jun.

*) s. Würfeln l. c. Th. II. S. 539.

Jun. an Ant. Muffel von Eschenau, und endlich an Joh. Koburgern vermählt, welcher keine Descendenz hinterlassen hat. —

Heinrich Koburgers, des ältern, zweyter Sohn war

II. Anton Koburger der erste, dessen Leben wir anfangs erzählet haben. Er ward 1488 Genannter des größern Raths in Nürnberg, und starb 1513, Montags nach Michaelis, und liegt im Prediger = oder Dominikaner = Kloster begraben. Mit zwo Gattinnen zeugte er 26 Kinder, die wir alle dem Namen und den Geburtsjahren nach anführen könnten. Wir übergehen aber die, welche frühzeitig gestorben sind. Seine erste Gattin war Ursula Ingramin *). Er heirathete sie im Jahre 1470, und hatte, als sie 1491 starb, 9 Kinder von ihr. Wir bemerken aus denselben: Frau Ursula, gebohren 1471, und 1491 on Wolfg. Haller von Hallerstein und Kalchreuth vermählt, welcher Hauptmann unter dem Marggrafen zu Brandenburg, Albrecht,

*) Unter den Nürnbergischen Patriciatfamilien, welche A. 1198 Kaiser. Heinrich IV. mit mehr als 400 Pferden von Nürnberg bis Donauwöhrd begleitet haben, waren auch die Ingrame mit 13 Pferden. s. Prauns Beschr. der adel. Geschlechter in den Reichsstädten S. 76.

Albrecht, gewesen und 1505 gestorben ist *). — Frau Magdalena, 1479 gebohren, und 1516 an Thom. Reich, Senator in Nürnberg, verheirathet — Frau Katharina, gebohren 1480, vermählt 1500 an Eustachius Rieter, von Kornburg, Senatoren eben dieser Reichsstadt. — Anton Koburgers zwote Gattin war Margaretha, Gabriel von Holzschuhers ꝛc. Senators und einer Volkamerin Tochter, mit welcher er sich 1493 den 28. April verheirathete. Diese ward Mutter von siebzehn Kindern, von welchen die meisten jung starben, folgende aber angeführt zu werden verdienen: Barbara, 1497 gebohren, ward A. 1519 d. 7. Febr. an Bernh. Paumgärtner, Senator **), vermählt. — Anton der zweite, gebohren 1498, hat sich 1523

den

*) Man sehe die Hallerische Genealogie Tab. CXXVII. in Biedermanns Geschlechts-Register des Patriciats in Nürnberg.

**) Er war aus der altadelichen, im J. 1726 erloschenen Nürnbergischen, ehedem auch in Schwaben blühenden, Familie, machte sich um seine Vaterstadt in vielen Rücksichten sehr verdient, und ward unter andern mit seinem Bruder, dem unsterblichen Hier. Paumgärtner dem ältern, 1530 auf den Reichstag nach Augsburg abgeordnet. Es ist eine Medaille vorhanden, welche auf der Vorderseite das Paumgärtnerische, auf der Rückseite das Koburgerische Wapen mit darauf stehendem Helme, Helmen-

den 12. Jan. mit Clara, Jak. Sauerzapfs und einer Rumelin Tochter, verehlichet. Er war, wie sein Vater, ein ansehnlicher Buchdrucker und Buchhändler, und ließ in Hagenau bey Anshelm, in Straßburg bey dem ältern Grüninger, in Lyon theils bey dem berühmten Sacon *), theils bey Johann Marion **) drucken. Selbst ein nicht unbedeutender Nürn-

Helmenkleinode und Helmdecke zeigt. s. des gelehrten Nürnbergischen Senators, Hrn. C. A. im Hofs von Helmstadt, Nürnb. Münz-Cabinets B. I. Abth. II. S. 614.

*) Der nicht etwa nur sein oder seines Vaters Factor war, sondern eine eigene Druckerey in Lyon hatte, ein eignes von Rothscholzen in Insignib. Typogr. Sect. XLIV. n. 225 geliefertes Zeichen führte, und verschiedene Bücher, besonders Bibeln, unter seinem eignen Namen druckte. s. Panzern l. c. S. 15. Daß der ältere Anton Koburger einen Sohn gleiches Namens hinterlassen, und daß auch dieser jüngere in der Saconischen Officin als Verleger hat drucken lassen, muß dem seel. Baumgarten unbekannt gewesen seyn; er würde sonst in den Nachrichten von merkw. Büchern B. IV. S. 10. nicht gesagt haben: „Noch „lange nach Koburgers Tod setzte man seinen Na„men auf Bibeln; weil dieselben in großem An„sehen gestanden." Ein, diesen jüngern Koburger betreffender Brief von D. Luthern wird am Ende dieser Nachricht vorkommen.

**) s. Götzens Merkwürdigkeit der Dresdner Bibliothek B. I. S. 355.

Nürnbergischer Buchdrucker arbeitete für ihn. Hortulus animae, zu deutsch: Seelenwurzgärtlein mit viel schönen Gebeten und Figuren geziert, hat am Ende folgende Nachricht: "Gedruckt zu Nürnberg durch Joh. Stüchs für den ehrsamen Antoni Koberger, Burger daselbst, 1516 den 3. Dec. seeliglich vollendet."*) Er zeugte 5 Söhne, die aber nicht alt geworden sind, und starb 1540. — Johann Koburger, gebohren 1499, hatte zuerst eine Sauermännin, dann eine Paumgärtnerin zur Ehe, trieb ausgebreiteten Handel, und starb 1580 ohne männliche Erben. — Melchior Koburger, gebohren 1501, vermählte sich mit Susanna Gundelfingerin, ward Assessor am Land- und Bauerngericht, und gieng 1540 mit Tod ab. Ihm folgte in dieser Würde sein Bruder Balthasar, gebohren 1503. Er heirathete 1535 Anna, Georg Kötzlers, Senators Tochter, und starb 1544. — Sixt, das eilfte Kind unsers Anton Koburgers, ist 1504 gebohren, und als Wag- und Zollamtmann 1574 gestorben. Verschiedene seiner Kinder starben frühzeitig. Wir bemerken zween seiner Söhne; einer, Namens

---

*) Eben dieser Hortulus animae, ward in eben diesem 1516 und folgendem 1517ten Jahre, in lateinischer Sprache zu Lyon impensis probi viri *Joannis Koberger*, Ciuis Nurenbergenf. durch Johann Clein in 8. gedruckt, mit Holzschnitten, die den Zeichen nach, von Nürnbergischen Künstlern gezeichnet und geschnitten worden.

mens Jakob, 1544 gebohren, ward 1582 mit Rosina, Franz Tuchers von Simmelsdorf, Senators, Tochter vermählt; der zweite, Georg, 1554 gebohren, hatte zwo Frauen: 1) Klara Grolandin, und 2) Maria Salome, Joach. III. Poemers, Senators zu Nürnberg, Tochter, und ist 1628 d. 28. Dec. als Wag- und Zollamtmann verschieden, und mit ihm sein Geschlecht ausgestorben. — Margaretha Koburgerin, gebohr. 1507, ward 1526 an Georg Geuder, von Heroldsberg, Pflegern der Nürnbergischen Landstadt Lauf, vermählt, und starb 1562. — Sebald Koburger, gebohr. 1511 d. 5. Jan. war ein Juwelier (mercator gemmarius) und heirathete 1539 d. 3. Jun. Magdalena, Hieron. von Ebner, Reichsschultheißens und vordersten Losungers (Vorstehers des Finanzamts) zu Nürnberg, Tochter, ward bald hernach Genannter des größern Raths, starb aber schon 1541 den 30. Jun. ohne Kinder zu hinterlassen.

Noch dauerhafter, als diese jetzt genannten Kinder und Nachkommen, erhalten unsers Anton Koburgers ruhmvolles Andenken die vielen Schriften, die seine Pressen mit so viel Schönheit und Pracht geliefert haben. Hier folgt das chronologische Verzeichniß derselben so vollständig, als wir es machen konnten.

Chrono-

Chronologisches Verzeichniß
der von
Anton Koburgern
gedruckten Bücher.

1471.

1. *Herp* Henr. Speculum aureum X. præceptorum Dei. *Fol.* die IV. Idus Mart.
   s. *Fabricii* Bibl. Lat. med. et inf. aetat. L. VIII. S. 644. und Append. ad. Cavei Hist. litter. S. 100.
2. Biblia vulgata. Fol.
   Röder in der angezeigten Schrift verweiset auf des Maittaire Annalen T. I. P. I. S. 305. Hr. Panzer aber hat diese Ausgabe unter die Unbinge verwiesen.
3. *Antonini* de virtutibus. Fol.

1473.

4. *Boecii* Liber de consolatione philosophiae cum commentario S. Thomae de Aquino et cum germanica paraphrasi. Fol.
5. *Vincentii Bellouacensis* speculum historiale ab orbe condito ad annum 1241. Fol.

1474.

1474.

6. *Rayneri de Pisis* Summa theologiae. Zween Bánde in Folio.
7. *Thomae* Aquinatis commentarii in IV. Evangelistas. Zween Bánde in Fol.
8. *Rayneri de Pisis* Pantheologia. Drey Bánde in Fol.

1475.

9. Biblia latina. Fol.
   Gründliche Nachricht von dieser Bibel giebt Hr. Panzer in oben gemeldter Schrift S. 11=22.
10. *Thomae de Aquino* Glossa super quatuor Evangelistas. Fol.

1476.

11. *Boecii* textus de philosophie consolatione cum comm. Thome de Aquino. Fol.
12. *Franc. de Retza* Comestorium vitiorum. Fol.

1477.

13. *Antonini*, Archiep. Florent. Summae theologicae pars secunda. Fol.
14. *Rayneri de Pisis* Pantheologia. Drey Bánde in Fol.
15. Libellus de vita et moribus philosophorum et poetarum. Fol.
16. *Bercharii Petr.* Repertorium morale, perutile praedicatoribus. Fol.
17. Aurea Bulla Caroli IV. Imperatoris. Fol.

18.

18. Biblia latina. Fol.
   f. Panzern l. c. S. 46. ff. welcher die von Rödern unter eben diesem Jahre angezeigte Kobergerische deutsche Bibel unter die höchst zweifelhaften Ausgaben setzet.
19. Ortolfs von Bayrlandt Arztpuch. Fol.

1478.

19. *Leonardi de Vtino* Sermones aurei de Sanctis. Fol.
20. 21. Biblia latina cum canonibus Evangelistarumque concordantiis. Fol.
    f. Panzer l. c. S. 50=54. wo er beweiset, daß in diesem Jahre noch eine Ausgabe der lateinischen Bibel von Kobergern geliefert worden. Auch Hr. Masch führt beide Ausgaben an.
22. *Antonini* Summa theologiae. Drey Bände in Folio.
23. *S. Hieronymi* Card. Presbyt. Vitae Patrum. Folio.
24. Historia Lombardica, f. Fratris Jacobi Januensis de ordine predicatorum Legendae Sanctorum. Fol.
25. Summa Magistrutia alias Pisanella. Fol.
26. Vita Christi per *Ludolphum* Carthusiensem. Fol.
27. *Leonardi Matthaei* de *Vtino* Sermones quadragesimales. Fol.
28. *Eiusd.* Sermones de dominicis et quibusdam festis. Fol.
29. *Gritsch* Joh. Quadragesimale et Sermones aurei de Sanctis. Fol.

30. *Bartholi* de *Saxo ferrato* Lectura super authenticis. Fol.

1479.

31. Biblia latina. Fol.
    f. Panzern l. c. S. 55.
32. *Antonini* Summae pars quarta. Fol.
33. *Gritsch* Joh. Quadragesimale per totum anni spacium. Fol.
34. Summa, quae Destructorium vitiorum dicitur, a cuiusdam fabri lignarii filio collecta. Fol.
35. *Leonardi* de *Vtino* Sermones aurei de Sanctis. Folio.

1480.

36. *Herold* Joh. Opus de tempore et de Sanctis, *Discipulus* appellatum. Fol.
37. Biblia latina.
    f. Panzern S. 56. f.
38. *Durandi* Guil. Rationale officiorum. Fol.
39. *Alberti* ab *Eyb* Margareta poetica. Fol.

1481.

40. *Platinae* Vitae summorum Pontificum. Fol.
41. *Aeneae Sylvii* Epistolae familiares. Fol.
42. *Herp* Henr. Speculum aureum X. praeceptorum. Fol.
43. *Gritsch* Joh. Quadragesimale. Fol.
44. *Ioannis Scoti* in I. et II. librum sententiarum. Folio.

45.

45. *Eiusd.* Quodlibet quaestionum. Fol.
46. *Eiusd.* super tertium et IV. sententiarum. Fol.
47. *Alex. ab. Ales* Summae pars secunda. Fol.
48. Vocabularius vtriusque Iuris. Fol.
49. *Bartoli* Lectura super autenticis mandatis. Fol.
50. *Durandi* Guil. Rationale diuinorum officiorum. Fol.
51. *Lombardi* Petr. Libri IV. sententiarum. Fol.
52. Biblia latina cum postilla *Nicolai* de *Lyra.* Sieben Bände in Fol.
 Von dieser herrlichen Ausgabe s. Panzern S. 57 = 62.
53. *Pii* II. Epistolae Fol.
 Diese Ausgabe ist von der Num. 40. angezeigten unterschieden. Jene hat 421, diese aber 423 Briefe.
54. *Nic., de Lyra* Postilla super Biblia. Zwey Bände in Fol.

1482.

55. *Alex.* de *Ales* Summa theologica. Partes IV. Vier Bände in Fol.
56. Sextus Decretalium cum apparatu *Ioh. Andree.* Fol.
57. Clementinae cum apparatu *Ioh. Andree.* Fol.
58. *Astexani de Ast* Summa de Casibus. Fol.
59. Digestum vetus glossatum. Fol.
60. *Ioh. Petri Ferrariensis* de *Papia* Noua practica Iuris. Fol.
61. Compilatio Decretalium Dom. Gregorii Papae noni. Fol.

62. *Iacobi* de *Ianua* Legendae Sanctorum. Fol.
63. Biblia latina. Fol.
 s. Panzer S. 68.
64. *Barthol. Anglici* de proprietatibus rerum libri XIX. Fol.
65. Sermones de tempore et de Sanctis. etc. Collegit *Io. Herold.* Fol.
66. Decretum Gratiani cum apparatu *Barth. Brixiensis.* Fol.
67. *Gritsch* Joh. Quadragesimale. Fol.

1483.

68. Psalterium *Brunonis* ex doctorum dictis collatum Fol.
69. Deutsche Bibel, mit Holzschnitten. Fol.
 Diese vortrefliche und höchstmerkwürdige Ausgabe ist von verschiedenen Litteratoren, Lilienthal, Göze, Eckhard, von Herrn Panzer aber l. c. S. 65 = 74 charakterisirt worden.
70. *Gritsch* Joh. Quadragesimale. Fol.
71. *Discipulus* de tempore et Sanctis. Fol.
72. *Bartholomaeus* Anglicus de proprietatibus rerum. Fol.
73. *Boecius* de Consolatione philos. cum comm. *Thomae* de Aquino. Fol.
74. Opus vitae Christi secundum seriem Evangelii per *Ludolphum* Carthusiensem. Fol.
75. *Hieronymi* Vitae Patrum sanctorum. Fol.
76. *Joh. Bertachini de Firmo* Repertorium Iuris. Drey Bände in Folio.

77.

77. Codex Decretorum cum gloſſa, et Floſculi Secreti. Fol.
78. *Hugonis* de *Prato* Sermones dominicales. Fol.
79. Codex, Proſodia ſ. Catholicon nuncupatus. Folio.
80. Iuſtiniani Pandectarum Opus (Digeſtum novum appellatum). Fol.
81. *Vincentii Belluacenſis* Speculum hiſtoriale. Fol.
82. *Eiusd.* Speculum naturale. Fol.
83. *Iacobi Ianuenſis* Legendae Sanctorum. Fol.
84. Die Reformation der Statutten vnd Geſetze des Raths der Statt Nürenberg. Fol.
85. Partes hiſtoriales *Antonini*, Archiep. Florentini. Drey Bände in Follo.
86. Biblia latina. Fol.
87. *Vincentii* de *Borgundia* Hiſtoria. Fol.
88. *Alex.* ab *Ales* Theologia ſcholaſtica. Vier Bände in Folio.

1485.

89. Prima et ſecunda pars Decretalium *Nicolai Siculi*, ſ. Abbatis Panormitani. Fol.
90. *Eiusdem* Lectura ſuper tertium librum Decretalium. Fol.
91. Concordantiae Bibliorum. Fol.
92. Fortalitium fidei. Fol.
93. *Vincentii* Belluac. Speculum morale, ereis figuris effigiatum.
94. *Ioannis de Bromyard* Summa Praedicantium. Folio.

95. *Paulli Castrensis* Consilia. Fol.
96. Biblia cum glossa *Nicol. de Lyra.* Vier Bände in Folio.
97. Breviarium secundum ordinem S. Dominici. In klein Quart.
98. *Antonini* Historiae Partes II. Fol.
99. *Nic. de Lyra* in Nov. Testamentum. Fol.
100. Eiusd. Postilla. Fol.

1486.

101. Lectura *Antonii de Butrio* a titulo de transl. Praelat. ad titulum usque de offic. deleg. Fol.
    Am Ende steht hier: *Metallicis* litteris elaborata.
102. Tabula quintuplex in Summam Antonini. Folio.
103. Sermones dominicales, Dormi secure, nuncupati. Fol.
104. *Ioannis Ianuensis* Catholicon. Fol.
105. *Durandi* Guil. Speculum cum add. *Andree* et *Baldi.* Zween Bände in Folio.
106. Sextus *Decretalium* cum appar. *Ioh. Andreae.* Folio.
107. *Clementinae* cum appar. eiusdem. Fol.
108. *Nicolai Siculi* Lectura in librum II. Decretalium. Partes III. Fol.
109. *Eiusd.* Lectura in III. IV. et V. librum Decretalium. Fol.
110. *Aeneae Sylvii* Epistolae familiares. Quart.
    Von dieser Ausgabe s. Baumgartens Nachrichten von einer Hall. Bibl. B. II. S. 175-179.

III.

111. *Vincentii Belluac.* Speculum doctrinale cum figg. ereis. Fol.
112. *Boethius* de Consol. philos. cum comm. D. Thomae. Fol.
113. Institutiones Iustiniani cum glossa. Fol.
114. Fr. *Antonii* Deflorationum Summa. Fol.
115. *Rainerii* de *Pisis* Summa s. Pantheologia. Fol.
116. *Antonii* a S. *Georgio* Commentaria in Decretum. Fol.
117. *Antonini* de *Florentia* Tractatus de anima. Fol.
118. *Vincentii* Belluac. Speculum naturale. Fol.
119. *Eiusd.* Speculum morale. Fol.

1487.

120. *Antonini* Summae Pars IV. Fol.
121. *Meffreth* Sermones de tempore et sanctis. Fol.
122. Thesaurus novus sermonum de tempore. Fol.
123. *Aeneae Sylvii* Epistolae. Quart.
124. Biblia lat. cum gloss. *Nic.* de *Lyra.* Fünf Foliobände.
  s. Panzern l. c. S. 77 f.
125. Concordantiae magnae Bibliorum. Fol.

1488.

126. *Baptistae* de *Salis* Summa casuum. Fol.
127. *Angeli* de *Clavasio* Summa de casibus conscientiae. Fol.
128. Codex Iustiniani cum glossa. Fol.
129. Passional, das ist der Heyligen Leben. Fol.

130. *Nic.* de *Ausmo* Supplementum, f. Summarium casuum. Quart.
131. *Guillerini* Postilla super epistolas Pauli etc. Folio.
132. *Nic.* de *Osmo* Speculum aureum. Quart.
133. Summa Pisanellae Supplementum. 4.
134. Reformation der Statuten und Gesetze des Raths der Stadt Nürnberg. Fol.
135. *Guil. Parisiensis* super epistolas et evangelia secundum sensum litteralem. Fol.

1489.

136. *Bercharii* Petr. Dictionarius. Fol.
137. Legenda Sanctorum. Fol.

1491.

138. Der Schatzbehalter. Fol.
139. *Antonini* Summa historialis. Fol. Drey Bände.
140. Dionysius vom himmlischen Fürstenthum. Fol.
141. Ang. de *Clavisio* Summa Angelica. Fol.
142. *Platina* de vitis Pontificum. Fol.
143. *Bonaventura* in L. IV. sententiarum. Fol. 4 Bände.

1492.

144. S. *Vincentii* Sermones de tempore et sanctis. Folio.
145. *Virgilii Maronis* Opera, cum varior commentariis. Fol.
146. *Barth. Anglici* de rerum proprietatibus. Fol.

147. *Herold* Joh. Opus de tempore et sanctis. Fol.
148. Legenda Sanctorum s. Lombardica historia. Folio.

1493.

149. *Parati* Sermones de tempore et sanctis. Fol.
150. Biblia latina cum Postillis *Nic. de Lyra.* Vier Bände in klein Folio.
— — — — cum glossa ordinaria. Sechs Bände. Fol.
151. Decreta Patrum, s. concordantia discordantium canonum Gratiani. Fol.
152. Decretales cum apparatu Bernhardi. Fol.
153. Das Buch der Chroniken und Geschichten der Alter der Welt, mit Figuren. Fol.
154. Liber cronicarum cum figuris et ymaginibus. Fol.
    Der Verfasser von beiden ist Hartm. Schedel, Doctor der Medicin zu Nürnberg. Die deutsche und lateinische Handschrift ist in der dasigen Stadtbibliothek zu finden.
155. Registrum chronicorum, cum figuris et imaginibus. Fol.
156. Registrum in Vincentii Speculum historiale. Folio.
157. Malleus maleficarum. Fol.

1494.

158. Omeliarum Opus. In Quart.
    Hier stehet am Ende durch einen Druckfehler Koburberger.

159. Fortalitium fidei. Quart.
160. *Guil. Minatensis* Rationale diuinorum officiorum. Quart.
161. Sermones de Sanctis: Dormi secure. Fol.
162. Malleus maleficarum. Quart.
163. *Brunonis* Psalterium. Quart.
164. Repertorium in Postillam Nic. de Lyra. Fol.
165. *Nic.* de *Lyra* Repertorium super bibliam. Quart.
166. *Antonini* Summa historialis. 3 Bände in Fol.

1495.

167. *Boetius* de consolatione philos. cum comm. Thomae de Aquino. Quart.
168. Epistolarum b. Hieronymi omnes partes. Folio.
169. Vita Christi per Ludolph. de Saxonia. Fol.

1496.

170. Destructorium vitiorum. Fol.
171. Vocabularius utriusque iuris. Fol.
172. *Aeneae* Sylvii Epistolae. Quart.
173. Malleus maleficarum. Quart.
174. Sermones *Parati* de tempore et de sanctis. Folio.
175. *Alex.* de *Ales* Summa. Fol.
176. Biblia latina cum glossa ordinaria et postillis. Sechs Folio-Bände.
177. Sermones *Discipuli* de tempore et sanctis. Folio.

178.

178. *Nideri* Joh. Preceptorium divine legis. Fol.
179. Thesaurus novus sermonum quadragesimalium. Fol.
180. *Institoris* Henr. Tractatus varii cum sermonibus plurimis contra quatuor errores novissime exortos adversus Euchariftiae sacramentum. Quart.
181. Sermones *Meffreth,* alias Hortulus animae. Folio.
182. de *Aquino* Thom. Summa theologiae. III. Partes. Fol.

1497.

183. *Iuvenalis* cum comm. Ant. Mancinelli, Dom. Calderini et Georg. Vallae. Fol.
184. *Hollen* Geo. Praeceptorium legis diuinae. Quart.
185. *Ficini* Marf. Epiftolae familiares. Quart.
 f. Baumgartens Hall. Biblioth. B. VIII. S. 547.
186. Cicero de Oratore cum comment. Fol.
187. *Brunonis* Pfalterium. Quart.
188. Libri Biblie cum poftillis, additionibus et replicis Nic. de Lyra. Vier Folianten.

1498.

1498.

189. *Pruſſia* de Lud. Trilogium animae. Quart.
190. *Hugonis* Poſtilla ſuper Pſalterium. Fol.
191. Sermones de tempore. Fol.
192. Summa Angelica de caſibus conſcientiae. Folio.
193. *Hugonis* de *Caro* Poſtillae in utrumque Teſtamentum. Fol. Sechs Bände. Eigentlich zu Baſel gedruckt.
   ſ. Panzern l. c. S. 61.

1499.

194. *Bercharii* Petr. Repertorium morale. 3 Folianten.
195. *Guillerini* Poſtilla ſuper epiſtolis et evangeliis dominicalibus. Quart.
196. *Beckenhaub* Joh. index alphab. in ſcripta divi Bonaventurae. Fol.
197. Miſſale Olomucenſe. Fol.
198. *Bonaventurae* in IV. libros ſententiarum. Folio.
199. Revelationes S. Birgittae. Fol.

1500.

Idem liber.

1501.

1501.

Biblia cum concordantiis Vet. et N. T. Fol.
f. Baumgartens Nachricht von merkwürdigen Büchern B. III. S. 3. fg. Dieses ist die letzte lateinische Bibel, welche aus des ältern Anton Koburgers Officin in Nürnberg selbst gekommen ist. Doch hat er zu Lyon auf seine Kosten noch zwo Ausgaben 1512 und 1513 drucken laßen, die wir unten anzeigen wollen.

1502.

Das Buch der himlischen Offenbarung der heil. Wittiben Birgitte von dem Künigreich Schweden. Fol. mit Figg.

1504.

Hugonis de *Caro* Postilla super Biblia ließ Koburger zu Basel durch Joh. Amarbach zum zweiten male drucken.

1512.

Biblia cum concord. V. et N. T. — per M. *Iac. Saconeni*, *Lugduni*. Impenſis notabilis viri *Ant. Koberger* de *Nuremburgis*. Fol.

ſ. Freytag in Adparat. litt. T. I. S. 141. ff.

1513.

Eadem —

Man halte dieſe Ausgabe nicht mit der vorhergehenden für eine und eben dieſelbe. Jene iſt im Auguſt, dieſe im September gedruckt. Von der letztern giebt Knoch in den Nachrichten von der Bibelſammlung zu Braunſchweig S. 827. ff. eine weitläufige Beſchreibung.

D. Luthers

D. Luthers Brief,
des Buchdruckers Koburger*) Suchen betreffend.

Dem Ehrbarn und Fürsichtigen
Lazaro Spengler,
Syndico der Stadt Nürnberg,
meinem günstigen Herrn und Freund.

Gnad und Fried in Christo.
Ehrbar, Fürsichtiger,
Lieber Herr und Freund!

Es geht uns hie zu Wittemberg mit dem Druck, wie Ihr wißt, und ich zuvor dem Rath zu Nürnberg auch geschrieben,**) daß die Drucker und Buchfüh-

---

*) nämlich des jüngern Anton Koburgers.

**) Auch dieser Brief ist gedruckt, und da, wo man ihn nicht suchen sollte, nämlich in Hirschens Millenarius IV. libror. ab anno I. vsque ad annum L. sec. XVI. typis exscriptorum, eingerückt, und viel zu merkwürdig, als daß wir ihn nicht mittheilen sollten, zumahl, da er in keiner, auch nicht in der neuesten, Ausgabe von Luthers Werken angetroffen wird. Man lernt daraus die Kniffe der Nachdrucker schon in ältern Zeiten kennen.

Buchführer einen Karrn über unsere Drucker gemacht, und ihnen alle Schalkheit und Bosheit beweisen. Nun wird dadurch verhindert, daß ich an die Propheten, Postillen, lateinische Bibeln und andre große Werke nicht scharf mich machen, noch weiter fortfahren. Wiewol ich meiner Person halben solcher Arbeit gern überhoben, und jener Bosheit mir zur Rüge wohl zu brauchen wüßte: So sind nun etliche am Rhein Buchdrucker, die sich mit meinen Druckern in Bund zu geben antragen, damit solcher Büberey gesteuert werde. Weil aber der Koburger vorlängst mit mir hat reden lassen, und ich mich dazumahl erbot, was ich vermöcht, solle an mir nicht mangeln: dem Verheissen nach, wie ich mich erinnere, hab ich meiner Drucker Vornehmen aufgehalten und vorgeschlagen, ob sie den Koburger wollten oder möchten leiden in solchem Bund und Handel, sollte vielleicht auf beiden Seiten nützlicher und zuträglicher seyn. Demnach ist meine Bitt und freundlich Ansuchen, wo es Euch nicht zu schwer wäre; wolltet solches mein Schreiben an den Koburger lassen gelangen, und darein mit rathen, was das Beste zu thun wäre: denn Briefs Zeiger darum von uns abgefertiget, solches mit dem Koburger zu unterreden und zu hören. Ich achte, es soll dem Koburger nit schädlich seyn, weil wir lebten, so er den Vordruck und Laden bey uns zu Wittenberg überkäme, sammt meinen Druckern, davon sie selbst weiter wohl werden sich berathschlagen. Laßt Euch solches nit verdrießen, denn es mich und alle fromme Herzen verdrießen soll, daß man die heilig Schrifft solle so hindern, und von bösen Menschen solches leiden. Hiemit Gott befohlen, Amen.

Zu Wittenberg, Dienstags nach aller Heiligen Tag, 1525.

* * *

Dem Ehrbarn und Fürsichtigen Herrn
Burgermeister und Rath
der löblichen Stadt Nürnberg,
meinen Günstigen lieben Herren.

Gnad und Fried in Christo.
Ehrbare, Fürsichtige,
Weise lieben Herren!

Ich füge Euer W. klagend zu wissen, wie daß unsern Druckern allhie etliche Septern der Postillen, so noch im Druck gelegen, heimlich entzogen und gestohlen sind, wohl über die Hälfte

des Buchs, und in Euer löbliche Stadt bracht, und mit Eile nachgedruckt, verkauft, ehe denn unsers vollendet, und also mit dem gestückten Buch die Unsern in merklichen Schaden geführt; und ist mir recht, das Hergotlein *) soll mit daran seyn, daran ihn nichts benügt, nun auch weiter darauf lauern, so sie das andre und übrige kriegen, auch bestellt haben, in der Eile nachzudrucken, wie sie zuvor mehr gethan, und uns gar in Boden verderben. Andre Städte droben am Rhein thuns nicht, und ob sie es thäten, wärs uns ohne Schaden, weil ihr Druck
nicht

*) Luther versteht darunter den Nürnbergischen Buchdrucker Hanns Hergott, der ihm unter andern den Prophet Jonas, welchen Luther unter allen Propheten zuerst deutsch 1526 zu Wittenberg in 4. ans Licht stellte, noch in eben diesem Jahre in 8. nachgedruckt hat. (s. Panzern l. c. S. 131.) Hergott druckte noch 1527 Enchiridion gaystlicher Gesänge ꝛc. in 8. (s. Riederer vom deutschen Gesang S. 221.) Um diese Zeit aber muß er gestorben seyn. Denn von nun an druckte seine Witwe Kunigunda Hergottin. Das letzte mit ihrem Namen bezeichnete Buch, das ich aufgefunden, ist: Practica Joh. Schöners von Karstatt auf das 1538. Jahr. 8. Einem Buchführer, auch Hanns Hergott genannt, ließ der gegen die evangelische Lehre so feindselig gesinnte Herzog Georg 1524 den Kopf abschlagen, weil er Luthers Schriften verkaufte. s. Arnold im Leben dieses Fürsten Kap. 3. §. 9.

nicht herein kommt und getrieben wird, wie der euern, um der Nähe willen. Nu haben wir lange genug zugesehen, bis zuletzt unerträglich worden ist, auch bisher der Ursachen eine gewesen ist, daß ich die Propheten nit habe thürfen angreifen, daß ich nit Ursache ihres Verderbens gebe, und damit also durch Geiz und Neid göttliche Schrift verhindert und nachbleiben muß, und das durch Schuld euer löblichen Stadt Burger, welches je eine unfreundliche Nachbarschaft ist, so nahe ein Bier dem andern zu Trotz und Schaden ausstecken*). So ists auch erbärmlich genug, daß ich solche Arbeit, so mir herzlich sauer wird, und doch gerne thu zu gemeiner Christenheit Nutz, davon ohne Ruhm zu melden nichts habe und noch zulegen muß, wiewohl mich je ein Buch dreyerley oder viererley Arbeit gestehet (kostet), und soll nit so viel verdienen auch bey den Leuten, daß man doch die Drucker mir nicht niederlegte und verderbte.

---

*) Es war eine noch unfreundlichere Nachbarschaft, da Nic. Wolrab in Leipzig 1542 Luthers ganze Bibel nachdruckte, worüber dieser einen ziemlich heftigen Brief an den Churfürsten (s. den 22. Theil seiner Werke der Walchischen Ausgabe S. 418.) geschrieben, aber nichts ausgerichtet hat. Vergl. Panzers Geschichte der deutschen Bibelübersetzung Luthers S. 380. f.

derbte. Sie haben gut thun, dürfen nichts darauf wagen noch arbeiten, habens durch Diebe erlangt. Ist doch das nicht anders, denn als würde es einem auf der Strassen oder im Hauß geraubt, wir Armen müssens leiden; sind verbannet. Nu ich wäre sein wohl zufrieden, daß ich durch solche Ursache gedrungen werde, still zu halten, aber der andern halben rede ich, und daß die heil. Schrift durch solche Tücke des Teufels gehindert wird. Zu dem, daß man meine Büchlein gemeiniglich bößert und verderbt in andern Drucken. Ist derhalben meine gar freundliche Bitt, E. W. wollte doch hie einen christlichen Dienst thun und Einsehen auf Eure Drucker haben, daß sie solche wichtige Büchern den Unsern nicht so zu Schaden nachweiben und vorkommen, wollten sie nit länger harren, daß sie doch sieben oder acht Wochen harreten, daß Unsre auch das Brod neben ihnen hätten und nicht so schändlich durch sie um das Ihre bracht werden. Wo das nicht helfen will, muß ich durch offentliche Schrift solche Räuber und Diebe vermahnen, und doch gern wollte, daß ich Euer löbliche Stadt nicht müßte nennen. Ob sie aber sagen, sie müßten sich nähren. Ja, ohne des andern Schaden, und dazu nicht also, daß man demselbigen stehle und

und raube, wie sie es von andern gewarten wollen. Ich weiß auch wohl, daß den Koburgern*) viel Bücher verliegen, wie andern Druckern mehr: aber was können wir dazu? Sollten sie drum so an uns sich rächen, die wir mit unsern Büchern ihren Schaden nie gesucht haben, sondern Gott hat es so geschickt, daß diese abgiengen und eingerissen sind, wie es sonst mehr

---

*) nämlich Johann und Anton II. Diese beyden mag jene Erinnerung Melanchthons betreffen, der in einem Briefe an Hier. Paumgärtnern, Rathsherrn zu Nürnberg, vom Jahr 1524 folgende Aeusserung thut: Scripsi ad *Spenglerum*, vt, si qua ratione fieri potest, per fratrem (er hieß Georg Spengler und war ein Kaufmann) Venetiis haerentem libros huc mitti selectiores curet, quandoquidem reliqui bibliopolae vsque adeo insaniunt, vt praeter nugas illas vulgares nihil advehant aut importent. Dabis igitur operam tu quoque, vt publicam causam rei litterariae diligenter Spenglero commendes. Non audeo tecum expostulare, quod *Coburgos* tuos cessas officii sui admonere et hortari, vt optimam mercem, bonos codices, adportent. Videntur enim et tuas et tui similium voces, aut iudicium non magnopere morari. O nihili homines, qui vsque adeo nullam habent publicae necessitatis rationem? Melanchthon wünschte vermuthlich klassische Schriftsteller, Kirchenväter, nicht lauter scholastisches oder juristisches Zeug, dergleichen damals gedruckt ward.

mehr gehr in andern Kaufshändeln. E. W. wolle solch mein nöthiges Schreiben mir zu gut halten, und hierin schaffen, was christlicher Lieb und Treu gemäß, wie doch vorhin, bis auf diese neidische Drucker, geschehen ist; und solche neue Tücke und unchristlich Fürnehmen nicht gestatten. Das verdiene ich, wie ich soll. Hiemit Gott befohlen. Amen.

Wittenberg, Dienstags nach Matthäi 1525.

Martinus Luther.

Auf dieses Schreiben ergieng folgendes Rathsdecret.

„Auff Doctor Martin Luthers schreiben soll
„man sich bei den puchtruckern erfaren, was
„seiner gemachten pücher durch sie nachge-
„truckt vnd geendert sey, vnd darinnen ein
„ordnung geben, damit seiner pücher keins,
„in einer bestimpten Zeit nachgetruckt, auch
„bey den Buchführern verschaffen, nuhzet
„neues zu kauffen, vor vnd ehe solches be-
„sichtigt werd.

„Per Herrn Christoff Coler vnd Herrn
„Jeronymus Paumgartner. Actum Sa-
„batho post Francisci, 7. Octobris 1525."